CATALOGUE

DE

DESSINS D'ORNEMENT

ET D'ARCHITECTURE

DES XVIᵉ, XVIIᵉ ET XVIIIᵉ SIÈCLES

DESSINS DE CUIRASSES

Attribués à Ét. DELAUNE

Provenant de la collection de feu M. H. CARRÉ

DONT LA VENTE AUX ENCHÈRES PUBLIQUES AURA LIEU

HOTEL DROUOT, SALLE Nº 6

Le Lundi 3 Juin 1878

A DEUX HEURES PRÉCISES

Par le ministère de Mᶜ **MAURICE DELESTRE**, Commissaire-Priseur,

27, rue Drouot,

Assisté de **M. CLEMENT**, Marchand d'Estampes de la Bibliothèque nationale,

3, rue des Saints-Pères.

EXPOSITION PUBLIQUE : *le Dimanche 2 Juin 1878*

DE DEUX A QUATRE HEURES

CONDITIONS DE LA VENTE

Elle sera faite au comptant.

Les attributions de l'auteur ont été conservées.

L'Expert, chargé de la vente, se réserve la faculté de rassembler ou de diviser les lots.

Paris. — Typ. PILLET et DUMOULIN, 5, rue des Grands-Augustins.

DÉSIGNATION DES OBJETS

ANONYME.

1. Poignées de cannes. Cinq dessins à la plume.
2. Grande galerie de Bal, au château royal de Compiègne.
   A l'aquarelle.

ARRIVET,

3. Cadre ornementé avec médaillons où sont représentés les
   portraits do Louis XIV et Louis XV et deux scénes ayant
   rapport au sacre des rois de France, dans le bas de la droite
   un groupe d'amours attachent des médaillons sur une colonne. Très-beau dessin à l'encre de Chine. A été gravé
   pour servir d'entourage à un plan de la ville de Reims.

AUREGGIO (P. G.).

4. Ornementation pour autel. — Un Ostensoir. Deux dessins
   à la plume lavés d'encre de chine.

BABEL.

5. Ornements pour décoration de panneaux d'appartement,
   composés de feuillages, d'animaux et de vases. 29 dessins
   à l'encre de chine et au bistre; pourra être divisé.

— 4 —

BABEL ET DUBOIS.

6. Décorations d'appartement. Quatre dessins à la plume et à l'aquarelle.

BALDA.

7. Trois satyres soutenant une coupe sur leurs têtes. — Décorations par un artiste allemand. Trois dessins au lavis de bistre.

BAROCHE (F.).

8. Un saint en adoration devant le Saint-Sacrement. Composition dans un encadrement avec draperie pour nne bannière. Beau dessin à l'aquarelle.

BAUMGARTNER.

9. Cartouche ornementé pour un portrait. Joli dessin à l'encre, rehaussé de blanc.

BAUMGARTNER ET GUIDO RENI.

10. Vénus et l'Amour. — La Madeleine tenant un crucifix. Deux dessins à l'encre de chine et au bistre.

BERAIN (J.).

11. Arabesque très-riche, avec figures de femmes et d'animaux. Très-beau dessin à l'encre de chine, lavé d'aquarelle.

12. Arabesque; au milieu Bacchus et autres figures. Belle composition à l'encre de chine. Ce dessin ainsi que le précédent ont été gravés dans l'œuvre du maître.

13. Vases pour décoration de jardins. Deux dessins à la sanguine.

14. Costumes pour un Opéra. Deux dessins à l'encre de chine.

BIBIÉNA.

15. Ornements pour plafond et autres. Huit dessins au bistre et à l'aquarelle.

16. Différents cartouches avec ornements pour décoration. Onze dessins au lavis d'encre de chine.

17. Cartouche et haut de colonne. Deux dessins à l'encre de chine.

BOUCHER (F.).

18. Femmes chinoises. — Femme nue assise. Trois dessins à la sanguine.

19. Jeune fille portant un panier de fleurs. Aux trois crayons.

BOUCHER (FILS.).

20. Décorations pour appartement. Trois dessins à l'encre de de chine.

BOUCHARDON.

21. Huit dessins de vases sur deux feuilles. A la sanguine et au crayon noir.

22. Vases et fontaines. — Dessin d'un pied de table. Deux dessins à la sanguine.

BUFAGNOTTI.

23. Palais italiens. Deux dessins à la plume et au bistre.

CAUVET (D.).

24. Montant d'ornement, avec les attributs de l'Amour. — Frises. Trois dessins à la sanguine. Un est daté de Rome 1776.

CHOFFARD.

25. Petit-cul-de lampe sur lequel sont inscrits les noms de Racine et de Shakespeare. En haut la figure de la Poésie. Charmant dessin à la mine de plomb.

26. Trophée avec médaillon. Armoiries. Quatre jolis dessins à la sanguine.

COCHIN (C.-N.).

27. Croquis avec encadrement ornementé. Joli dessin à l'encre de chine, signé et daté 1749.

CRESANT (J.).

28. Titre ornementé de figures allégoriques. A l'encre de chine. Avec ce dessin se trouve une page de vers de l'auteur.

CUVILLIÉ.

29. Décorations d'appartement. Trois dessins au crayon et encre de chine.

30. Panneaux décoratifs. Quatre dessins à l'encre de chine et aquarelle.

DELAFOSSE (J.-C.).

31. Dessin d'une pendule. A l'encre de chine et crayon noir.

32. Vases et brûle-parfums. Cinq dessins à l'encre de chine et au bistre.

33. Deux fauteuils et un écran, sur une même feuille. Beau dessin à l'encre de chine et aquarelle.

34. Fauteuils, — canapé avec coussins. Deux très-jolis dessins à l'encre de chine et au bistre.

35. Montant d'ornement composé d'attributs guerriers. A l'encre de chine.

36. Chandelier d'église. — Un brûle-parfums. Deux dessins
à l'encre de chine.

37. Ornementation avec figures d'amours, pour un projet de
fontaine. A l'encre de chine.

DELAPOIZE.

38. Intérieur de chambre à coucher. Magnifique dessin à l'encre de chine, rehaussé d'aquarelle; en bas, cette inscrip-
tion : Chambre à coucher sur 'e quai et la signature de
l'auteur.

DELAUNE (ETIENNE) (attribué à).

39. Cuirasses avec ornements damasquinés. Suite de six dessins de la plus belle exécution et d'une conservation par-
faite, à l'exception d'un qui est composé de deux morceaux
de cuirasses différentes. Quatre de ces dessins ont été
gravés dans les n° 230 et 238 de l'*Art pour tous,* 9°
année.

DIVERS.

40. Modèles de moulures pour plafond. Huit dessins à l'encre
de chine.

41. Arabesques et ornements pour plafond. Six dessins à l'encre de chine et à l'aquarelle.

42. Frises et ornements divers. Quatre dessins à la plume au
bistre et à la sanguine.

43. Ornements pour bijoutiers et orfèvres. 84 sujets montés
sur 9 feuilles.

DOULSEKER (D.).

44. Costumes de Strasbourgeoises. Deux dessins à l'encre de
chine. Ces deux dessins ont été gravés dans une suite de
costumes publiés à Strasbourg en 1731.

DUGOURE.

45. Arabesques. Deux dessins à l'aquarelle,

ECOLE ITALIENNE DU XVI° SIÈCLE.

46. Arabesques. — Bases de colonnes. — Grotesques, etc.
24 dessins à la plume et au bistre, collés sur papier
bleu.

47. Arabesques. 8 dessins à la plume et au bistre.

48. Colonnes. — Cariatide et Tombeau. Trois dessins à la
plume et encre de chine.

49. Une Fontaine. — Entrée d'un Palais. — Arabesque, etc.
Quatre dessins à la plume et encre de chine.

50. Vue extérieure d'un riche palais. Beau dessin à la plume
et au bistre.

ECOLE ITALIENNE DU XVII° SIÈCLE.

51. Décoration d'un palais, plafond et fontaine. Trois dessins à l'encre de chine et au bistre.

52. Décorations pour plafond avec attributs guerriers et compositions allégoriques. Trois dessins à la plume, lavés
d'encre de chine et de bistre.

53. Décorations pour plafond et panneau. Deux dessins à
l'encre de chine et aquarelle.

54. Décorations pour plafond, avec ornements et figures allégoriques et religieuses. Deux dessins à la plume, lavés
d'aquarelle.

55. Armoiries. — Cartouches et figures grotesques. Quatre
dessins à la plume, lavés de bistre.

56. Cheminée, Chapiteaux et Portes. Quatre dessins à la plume
et au bistre.

ECOLES FRANÇAISE ET ITALIENNE.

57. Mascarons, cartouches, frises et arabesques. Douze dessins à l'encre de chine, à l'aquarelle, etc.

ECOLE FRANÇAISE DU XVIᵉ SIÈCLE.

58. Fontaines. Quatre dessins à la plume.

ECOLE FRANÇAISE DU XVIIᵉ SIÈCLE.

59. Attributs guerriers avec figures allégoriques. Deux dessins pour plafond, à l'encre de chine.

ECOLE FRANÇAISE DU XVIIIᵉ SIÈCLE.

60. Compositions pour écrans. Quatre dessins à l'aquarelle.

61. Décoration d'un panneau de salon avec portes et glaces. A l'encre de chine.

62. Décoration intérieure d'un salon. Très-beau dessin à la plume, au lavis de bistre et d'aquarelle.

63. Décorations d'appartement, — Cartouches et Ornements pour plafond. Neuf dessins à la plume et au lavis d'encre de chine.

64. Vases. — Candélabre et décoration pour une fontaine monumentale. Trois dessins au bistre et à la sanguine.

65. Palais et ruines, etc. Cinq dessins à l'aquarelle, à la sanguine et au crayon noir.

66. Fleurs et fruits. — Cariatides. Trois dessins à l'encre de chine et à la sanguine.

67. Arabesques avec trophées d'attributs divers. Huit dessins à l'encre de chine.

68. Amours et fleurs. — Buste de femme dans une guirlande de fleurs, — Panneau avec attributs de pêche, etc. Trois dessins à la sanguine et aquarelle.

69. Montants d'ornements avec cartouches pour armoiries. — Dessin de feuillage. Trois dessins à la plume et au bistre.

70. Cariatides. — Vénus et l'Amour dans une conque, etc. Cinq dessins à la sanguine et au bistre; un de ces dessins est attribué à Gabriel de Saint-Aubin.

71. Miroir de toilette, cartouche et décoration pour plafond. Trois dessins à l'encre de chine.

72. Arabesques avec trophée d'attributs de jardinage, etc. Quatre dessins à l'encre de chine.

73. Vases et arabesque, etc. Quatre dessins à l'encre de chine et aquarelle.

74. Attributs de la musique et de la comédie. — Un Amour soutenant un médaillon. — Ornement pour une coupe. Trois dessins au bistre, à l'aquarelle et crayon noir.

75. Trois panneaux formés de différents trophées, montés sur une même feuille. A l'aquarelle.

76. Décorations pour panneaux, composés d'arbres, de fleurs et d'épis de blé. Deux dessins à l'aquarelle.

77. Frises formées de fleurs, de fruits et feuillages. Trois dessins à la sanguine.

78. Les lettres L. et R. formées de feuilles et de fleurs de lis. Deux dessins à la sanguine.

79. Dessins d'un régulateur de porte et plafond. Quatre dessins à la sanguine, au crayon noir et encre de chine.

80. Dessin d'une porte cochère. — Pilastre avec cariatide, ornements pour plafond. Cinq dessins au bistre et encre de chine.

81. L'Hiver, l'Eté et l'Automme. Trois dessins de forme ronde. A l'encre de chine.

82. Ornements avec figures allégoriques sur les arts. Six dessins à la plume.

83. Décorations d'appartement, époque Louis XIV-Louis XV. Deux dessins à la plume, lavés d'aquarelle.

84. Offrande à Cérès et offrande à l'Amour. Deux dessins à l'encre de chine et au bistre.

85. Paysages. Six dessins à la sanguine et aquarelle.

86. Etudes d'hommes en costumes Louis XV. — Jeune femme assise ayant un jeune homme à genoux devant elle. Trois dessins au crayon.

ECOLE ALLEMANDE.

87. Ornements pour frises et rosaces. Trois dessins à l'aquarelle.

ECOLE HOLLANDAISE.

88. Compositions pour plafond. Quatre dessins à l'encre de chine, lavés d'aquarelle.

EISEN (Ch).

89. Figures allégoriques de femmes sur piédestaux. Quatre dessins au crayon noir.

FAY.

90. Décorations d'appartement et arabesques. Cinq dessins à l'encre, lavés de bistre et d'aquarelle.

GEHLE.

91. Décorations intérieures des châteaux de Neustrelitz et de Miron. Quinze dessins à l'encre de chine et aquarelle.

GILLOT (Cl.).

92. Arabesque. A la plume et bistre ; au verso, un christ en croix, dessiné à la sanguine.

93. Arabesques et rosaces. Cinq dessins à la plume.

GIUSEPPE.

94. Fontaine monumentale. A la plume et au bistre.

HUBERT-ROBERT.

95. Intérieur des jardins de Tivoli. Trois dessins à la sanguine.

96. Monument italien avec figures sur le premier plan. Joli dessin de forme ronde. A la plume, et au lavis de bistre.

HUET (J.-B.).

97. Frises avec amours montés sur une chèvre. — Base d'un obélisque. Deux très-jolis dessins au bistre, rehaussés de blanc, signés et datés 1776 et 1789.

98. Bas-reliefs avec ornements entremêlés de satyres et d'amours. Deux très-jolis dessins au bistre, rehaussés de blanc, signés et datés 1793.

99. Entrée d'un parc. — Nature morte. Deux dessins à la sanguine et aux trois crayons.

100. Jeunes enfants jouant aux cartes. — Frises d'ornement. Etudes de têtes et grotesques. Trois dessins à l'encre de chine et au bistre.

101. Bas-reliefs ornementés et vases. Deux dessins à la sanguine.

HUQUIER.

102. Vases et figures diverses. Trois dessins à la plume et encre de chine.

103. Fleurons pour fins de pages. Sept dessins à la plume et
à l'aquarelle.

HUQUIER et autres.

103 *bis*. Fleurs. — Chapiteaux et ornements de plafond.
Quatre dessins à l'encre de chine et au bistre.

LAFAGE et autres.

104. L'enfance de Bacchus. — Fontaine. — Etudes d'enfants.
Quatre dessins à la plume, au bistre et à la sanguine.

LAJOUE.

105. Décorations rocaille pour panneaux. Deux beaux dessins aux crayons noir et blanc, sur papier bleu.
106. Décoration pour l'intérieur d'un parc. A l'encre de
chine.

LA LONDE (de) et QUEVERDO.

107. Frises, cartels et arabesque. Quatre dessins à l'encre
de chine, un des dessins de La Londe a été gravé par Fay.

DE LA RUE.

108. Frises avec figures de femmes et satyres. Deux dessins
à la plume et encre de chine.

LEBRUN (Ch.) (attribué à).

109. Composition avec portraits et figures allégoriques pour
un éventail. Beau dessin à la plume et au lavis d'encre
de chine.

LECLERC (S.).

110. Différents trophées en forme d'arabesques. Huit dessins
à l'encre de chine et au bistre.

LEMOINE.

111. Décoration pour plafond. —Intérieur d'un salon, côté de la cheminée. Deux dessins à l'encre de chine.

LEPAUTRE (J.).

112. Panneaux et décorations pour plafond. Quatre beaux dessins à l'encre de chine et à la sanguine.

113. Décorations pour plafond. Trois dessins à la plume et au lavis.

114. Dessin d'une grille. Beau dessin à l'encre de couleur.

LUDOVICK (P.) 1768.

115. Ornements rocaille, pour armoiries, fontaines, etc. Trente-neuf dessins à la plume et encre de chine. Nous avons ajouté à ce lot six gravures d'après ces dessins, par P.-B. Dandrillon. Pourra être divisé.

MARILLIER (C.-P.)

116. Plumes et encrier dessinés en forme de trophée. Joli dessin à la plume et au bistre, signé et daté 1776.

MARILLIER (attribué à).

117. Trophées et arabesques. Six dessins à l'encre de chine et au bistre.

MAROT (D.)

118. Dessin du yacht de M. de Veardin. Très-beau dessin à l'encre de chine. Signé.

119. Composition pour un plafond. A la plume et au bistre.

MONOGRAMME K.

120. Cartouches pour armoiries. Six dessins à l'encre de chine.

MONOGRAMME J. T. N. 1771.

121. Portrait de Gustave, roi de Suède. Très-joli dessin à la sanguine, a été gravé.

MONOGRAMME D. H. (Allemand) DU XVIᵉ SIÈCLE.

122. Vase avec son couvercle; sur la face, la scène de Mutius Scévola se brûlant la main droite en présence de Porsenna. Beau dessin à la plume et au bistre.

MOUCHERON (F.).

123. Entrée d'un Palais. A l'encre de chine.

NATOIRE (C.).

124. Sujets religieux et mythologique. Deux dessins à l'encre de chine et aux crayons noir et blanc.

NILSON.

125. Ornements avec figures. Deux dessins à l'encre de chine.

NYMEGEN (Elias Van).

126. Un Vase orné de fleurs par deux amours.—Arabesques. Trois dessins à l'aquarelle.

OPPENOR.

127. Panneau et dessus de porte. — Une porte où sont représentés les attributs de l'Afrique et de l'Europe, etc. Trois dessins à la plume et à la sanguine.

OPPENOR et LA LONDE.

128. Voussures et rosace. Quatre dessins à la plume et encre de chine. Le dessin de La Londe a été gravé.

PANINI.

129. Grande galerie d'un palais. A l'encre de chine et au bistre.

130. Entrée d'un palais. Intérieur de cuisine d'un palais. Deux dessins à la plume et encre de chine.

131. Décorations pour un escalier et pour plafond. Trois feuilles avec dessins au recto et au verso. A la plume et encre de chine.

PETITOT et autres.

132. Vases et fontaine. Six dessins au bistre et encre de chine.

PILLEMENT.

133. Entrée de jardin. — Un arbre avec oiseaux. Deux dessins pour panneaux. A l'encre de chine et aquarelle.

134. Fleurs. Joli dessin à l'encre de chine et crayon noir.

QUEVERDO.

135. Porte avec arabesques.—Autre arabesque.—Une alcôve. Trois dessins au bistre et encre de chine.

QUEVERDO et FAY.

136. Plafond et montant d'ornement. — Intérieur d'un salon avec statues et bas-reliefs. Deux dessins à l'encre de chine et à l'encre bleue.

QUEVERDO (attribué à).

137. Le roi Candaule. Très-jolie composition avec intérieur de chambre à coucher Louis XVI. Au lavis d'encre de chine, rehaussé de blanc, sur gravure au trait.

RANSON.

138. Dessin d'un cadre richement ornementé. A la plume.

139. Un lit drapé. A l'aquarelle. Ce dessin a été gravé dans l'Art pour tous.

140. Les lettres M. V. E. et H. entrelacées, surmontées d'une couronne. A l'aquarelle.

141. Arabesques et encadrement composés de fleurs et de fruits. Deux dessins à l'encre rouge et violette.

RATTI (A.) et autres.

142. Autel du monastère de St-Leonardo. — Frise avec deux amours. — Un Autel. Trois dessins à l'encre de chine.

RICCIOLINUS (N.).

143. Portrait d'un prélat, dans un entourage ornementé. A l'encre de chine et bistre.

SALLY.

144. Vases à deux sur une même feuille. Onze dessins à la sanguine.

SANZIO Raphaël (d'après).

145. Composition pour l'église de la Trinita, où se trouve peinte la vierge appelée : Notre-Dame à l'Escalier. Beau dessin à la plume attribué à Perino del Vaga.

SANZIO Raphaël (d'après).

146. Arabesques dessinées à Rome d'après Raphaël, en 1778. par un artiste français. Cinq dessins à la plume.

SOUHART (P. F.).

147. Un Lutrin. Beau dessin aux lavis de bistre et d'encre de chine.

TORO (attribué à).

148. Vases, mascarons avec arabesque. Trois dessins à la plume et encre de chine.

UDINE (J.-D').

149. Ornementation pour une arcade de palais. Au verso, dessins pour balustrade, — composition d'ornements entrelacés, pour plafond. Deux dessins à la plume et au bistre.

VAGA (Perino del).

150. Cartouche ornementé. Beau dessin à la plume et au bistre.

151. Arabesques et figure de femme. Beau dessin au bistre.

VALENTIN (F.).

152. Colonne supportant le buste de Louis XVI, couronné par des amours ; en bas de chaque côté, la Force, et la France sous la figure de Minerve. Joli dessin à la sanguine, rehaussé de blanc. Signé.

153. Panneau d'ornement avec figures allégoriques. A la sanguine.

HERSTEIN (van der).

154. Cartouche richement orné, pour titre de livre. A la plume et au bistre.

VIGNA (G.).

155. Décorations diverses de palais italiens. Quatorze dessins à l'aquarelle.

VINSAC.

156. Une coupe avec son couvercle. — Vases. Deux dessins à l'encre de chine et au bistre.

157. Sous ce numéro, il sera vendu par lots, un grand nombre de dessins d'ornementation de toutes les écoles.

Un Volontaire de 1793

JEAN LÉGARÉ

de Magny